Weihnachts-gedichte
zum Aufsagen

© 1973 by Franz Schneider Verlag GmbH
8000 München 46 · Frankfurter Ring 150
Alle Rechte vorbehalten
Umschlagbild: Christine Wilhelm
Umschlaggestaltung: Adolf Bachmann
Illustrationen: Renate Vögel-Cossmann
Die Gedichte „Tannengeflüster",
„Weihnachtslied vom Eselchen",
„Die lustige Weihnacht" und
„Die Weihnachtsmaus" von James Krüss
wurden dem Band
„Der wohltemperierte Leierkasten"
entnommen, erschienen im
Bertelsmann Jugendbuchverlag
Redaktion: René Rilz
Herstellung: Gabi König
Druck: Presse-Druck Augsburg
ISBN 3 505 09445-5

Inhalt

Nikolaus-Tage

Guter Nikolaus	5
Nikolaus	6
Krampus, Pampus, Schwarzgesicht	8
Draußen weht es	8

Vorfreude auf Weihnachten

Bald ist's soweit	9
Tannengeflüster	10
Ich wünsch mir was	11

Vom Christkind

Denkt euch	13
Wo die Zweige	13
Ich wünsche mir zum Heiligen Christ	14

Die Heilige Familie

Kleine Weihnachtslegende	15
Vor fast zweitausend Jahren	18
Weihnachtslied vom Eselchen	19
Der Wunderstern	21

 ## Weihnachtsabend

Ein Tännlein aus dem Walde	22
Die lustige Weihnacht	22
Der Pfefferkuchenmann	25
Die Weihnachtsmaus	27
Öffnet sich auch dir ein Weihnachtszimmer? ...	29

 ## Die Heiligen Drei Könige

Wir treten herein ohn allen Spott	30
Die Heiligen Drei Könige	31
„Ich bin der kleine König"	31
Wir Heiligen Drei König'	32

NIKOLAUS-TAGE

Guter Nikolaus

Guter Nikolaus,
komm in unser Haus,
triffst ein Kindlein an,
das ein Sprüchlein kann
und schön folgen will!
Halte bei uns still,
schütt dein Säcklein aus,
guter Nikolaus.

Ach, du lieber Nikolaus,
komm doch einmal in mein Haus!
Hab so lang an dich gedacht!
Hast mir auch was mitgebracht?

Volksgut

Nikolaus

„Heut stell ich meine Schuhe raus,
denn morgen kommt der Nikolaus",
sagt Peterle — doch Bruder Fritz
hält das für einen dummen Witz.
„Du glaubst noch an den Nikolaus?
Den gibt's doch gar nicht!" ruft auch Klaus.
„Ich merkte schon im vor'gen Jahr,
daß Vater unser Niklaus war!"

Der Vater? Peterle denkt: Nein,
das kann doch nun bestimmt nicht sein!
Der Vater schlief doch in der Nacht,
als Nikolaus uns was gebracht.
Ich glaub nicht, was die Brüder sagen —
doch könnt ich ja die Mutter fragen.

Die Mutter weiß natürlich Rat.
„Ja, Peter", sagt sie, „niemand hat
den Niklaus noch genau gesehn,
er pflegt ja nachts umherzugehn
und braven Kindern was zu bringen.
Wie aber sollt es ihm gelingen,
daß jedes Kind in dieser Welt,
das brav ist, sein Geschenk erhält?
Zu viele sind's, selbst Nikolaus
kommt da mit einer Nacht nicht aus.
Man muß ihm helfen, das ist klar. —
Kann sein, daß es der Vater war,

der da mal ausgeholfen hat,
weil Nikolaus ihn darum bat.
Stell du nur deine Schuhe raus,
und glaube mir, der Nikolaus
denkt morgen ganz bestimmt an dich —
genau wie Vater und wie ich."

Z. v. Bock u. Polach

Krampus, Pampus, Schwarzgesicht

Krampus, Pampus, Schwarzgesicht,
mich erschreckst du diesmal nicht,
denn ich war, will ich dir sagen,
nur an hundertsechzehn Tagen
mal ein bißchen ungezogen.
Krampus, das ist nicht gelogen!
Nächstes Jahr wird's besser sein,
also steck die Rute ein!

Erika Wildgrube-Ulrici

Draußen weht es bitterkalt

Draußen weht es bitterkalt,
wer kommt da durch den Winterwald?
Stipp-stapp, stipp-stapp und huckepack —
Knecht Rupprecht ist's mit seinem Sack.
Was ist denn in dem Sacke drin?
Äpfel, Mandeln und Rosin'
und schöne Zuckerrosen,
auch Pfeffernüss' fürs gute Kind;
die andern, die nicht artig sind,
klopft er auf die Hosen.

Martin Boelitz

VORFREUDE AUF WEIHNACHTEN

Bald ist's soweit

Der Tag ist kurz, die Nacht schon lang,
beglückend schön der Glocken Klang.
Es wird schon kalt, man sieht den Hauch,
aus den Kaminen steigt der Rauch.
Der Vater bastelt an dem Tisch,
macht Elkes Puppenküche frisch;
die Mutter ist auch schon soweit
und knetet besten Plätzchenteig.
Zum Donnerwetter — denk ich mir,
das Weihnachtsfest steht vor der Tür!

Albert Dietl

Tannengeflüster

Wenn die ersten Fröste knistern
in dem Wald bei Bayrisch-Moos,
geht ein Wispern und ein Flüstern
in den Tannenbäumen los,
ein Gekicher und Gesumm
ringsherum.

Eine Tanne lernt Gedichte,
eine Lärche hört ihr zu.
Eine dicke, alte Fichte
sagt verdrießlich: Gebt doch Ruh!
Kerzenlicht und Weihnachtszeit
sind noch weit!

Vierundzwanzig lange Tage
wird gekräuselt und gestutzt
und das Wäldchen ohne Frage
wunderhübsch herausgeputzt.
Wer noch fragt: Wieso? Warum? —
der ist dumm.

Was das Flüstern hier bedeutet,
weiß man selbst im Spatzennest:
Jeder Tannenbaum bereitet
sich nun vor aufs Weihnachtsfest.
Denn ein Weihnachtsbaum zu sein:
Das ist fein!

James Krüss

Ich wünsch mir was

Ich wünsch mir was!
Was ist denn das?
Das ist ein Schloß aus Marzipan
mit Türmen aus Rosinen dran
und Mandeln an den Ecken.
Ganz zuckersüß und braungebrannt
und jede Wand aus Zuckerkand —
da kann man tüchtig schlecken!
Und Diener laufen hin und her
mit Saft und Marmelade,
und drinnen, in dem Schlosse drin,
sitzt meine Frau, die Königin —
die ist aus Schokolade!

Unbekannt

VOM CHRISTKIND

Denkt euch ...

Denkt euch — ich habe das Christkind gesehn!
Es kam aus dem Walde, das Mützchen voll Schnee,
mit rotgefrorenem Näschen.
Die kleinen Hände taten ihm weh;
denn es trug einen Sack, der war gar schwer,
schleppte und polterte hinter ihm her —
was drin war, möchtet ihr wissen?
Ihr Naseweise, ihr Schelmenpack —
meint ihr, er wäre offen, der Sack?
Zugebunden bis oben hin!
Doch war gewiß etwas Schönes drin:
Es roch so nach Äpfeln und Nüssen!
Anna Ritter

Wo die Zweige ...

Wo die Zweige am dichtesten hangen,
die Wege am tiefsten verschneit,
da ist um die Dämmerzeit
im Walde das Christkind gegangen.
Es mußte sich wacker plagen,
denn einen riesigen Sack
hat's meilenweit huckepack
auf den schmächtigen Schultern getragen.

Zwei spielende Häschen saßen
geduckt am schneeigen Rain.
Die traf solch blendender Schein,
daß sie das Spielen vergaßen.
Doch das Eichhorn hob schnuppernd die Ohren
und suchte die halbe Nacht,
ob das Christkind von all seiner Pracht
nicht ein einziges Nüßchen verloren.
Anna Ritter

Ich wünsche mir zum Heiligen Christ

Ich wünsche mir zum Heiligen Christ
einen Kopf, der keine Vokabeln vergißt,
einen Fußball, der keine Scheiben zerschmeißt —
und eine Hose, die nie zerreißt.

Ich wünsche mir zum Heiligen Christ
eine Oma, die nie ihre Brille vermißt,
einen Nachbarn, den unser Spielen nicht stört —
und einen Wecker, den niemand hört.

Ich wünsche mir zum Heiligen Christ
eine Schule, die immer geschlossen ist,
eine Mutter, die keine Fragen stellt —
und einen Freund, der die Klappe hält.

Doch weil ich das alles nicht kriegen kann,
überlaß ich die Sache dem Weihnachtsmann.
Erika Wildgrube-Ulrici

DIE HEILIGE FAMILIE

Kleine Weihnachtslegende

Und als das Kind in der Krippe lag, im ärmlichen Stalle,
und im Raum war nur des Esels Odem
und des Ochsen Gedröhn,
das Kindchen aber spielte mit einem goldenen
    Sonnenstrahle,
der durch das Strohdach schlüpfte —
nur Staub — und doch so schön!
Da kamen der Hirten Kinder gerannt,
das Kind in der Krippe zu sehn
und, gleich den Engeln auf dem Felde,
den Herrgott zu loben.

Mit großen Augen blieben sie an der Schwelle stehn,
und die Kleinsten hatten sich hoch auf den Zehen erhoben.
Da nahm ein kleines Mädchen seine Puppe am strohenen
    Zopf
und brachte sie dem Kinde,
ein anderes gab einen blanken Knopf,
und ein Junge hatte drei bunte Murmeln
aus Glas, die er gerade gewonnen.
Und jedes schenkte dem Kindlein was:
eine Weidenflöte, eine Peitsche,
einen Kreisel oder ein Krähenei.

Über alle Geschenke, die ihm die Hirtenkinder gebracht,
hatte das Gotteskind sich gefreut
und hatte leise gelacht.

Nur ein kleiner Hirtenjunge stand wehmütig dabei.
Er hatte rein gar nichts, dem Kinde in die Krippe zu geben.
Seine Mutter war Witwe, sie hatten kaum Brot
für das tägliche Leben.

Doch da fiel ihm etwas ein ...
er schlich an die Krippe heran ...:
„Sieh mal, Christkind, wie fein,
und wie lange ich das kann!"
Und er bückte sich tief ...
tat den Kopf in den Sand ...
und die Beine hoch ...
und er stand und stand wie eine Kerze ...
und rührte sich nicht ...
blieb eisern stehn ...

Der schmale Sonnenstrahl aber
beschien seine schmutzigen Zeh'n ...

Nicht auf das reiche Geschenk kommt es an,
sondern aufs schenkende Herz,
selbst, wenn es, wie hier
bei dem kleinen Mann,
auf dem Kopfe steht!

Marie Cronemeyer

Vor fast zweitausend Jahren

Heute wollen wir Geburtstag feiern,
den schönsten Geburtstag im ganzen Jahr,
den Tag, an dem Gottes Sohn zur Welt kam.
Er wurde als Baby geboren,
so wie du und ich,
winzig und hilflos, ohne Lächeln und ohne Zähne,
und seine Windeln wurden naß
wie deine und meine.
Seine Mutter war eine junge Frau
mit Namen Maria,
und sie gebar ihn wie jede andere Frau
unter Schmerzen und Freude,
und als sie ihn dann in den Armen hielt,
empfand sie das Glück einer Mutter.
Es war eine Geburt wie jede andere,
und doch war sie mehr, viel mehr —
das strampelnde Baby war Gottes Sohn,
gezeugt vom Heiligen Geist.
Wer kann das verstehen?
Wer kann es fassen?
Wir können es nur glauben,
denn unser Verstand ist zu eng für die Wahrheit.
Gott schenkte uns seinen Sohn,
um uns zu zeigen, wie sehr er uns liebt,
wie sehr er bereit ist, uns zu verzeihen,
wenn wir nur seiner Liebe vertrauen.
Das ist das Wunder der Heiligen Nacht,
die wir heute feiern,
das Wunder aller Wunder!
Darum wollen wir uns liebhaben
und glücklich sein!

Marie-Louise Fischer

Weihnachtslied vom Eselchen

Ich bin ein Esel, alt und schwach,
i-a,
ich habe in der Heiligen Nacht
im Stall von Bethlehem gewacht
und manchmal leis i-a gemacht.
I-a.

Ich war ganz still, wie sich's gehört,
i-a.
Nur manchmal schlug ich mit dem Steert,
und bei mir standen Ochs und Pferd,
und auch drei Könige, hochgelehrt.
I-a.

Das Christkind war so sonderbar,
i-a.
Es zupfte mich an Bart und Haar,
und einmal rupfte es sogar
am Bart von König Balthasar.
I-a.

Dem Joseph, dem gefällt das nicht,
i-a.
Mit ernstem Zimmermannsgesicht
sieht er das Kindlein an und spricht:
„An Königsbärten zupft man nicht!"
I-a.

Jedoch Maria, seine Frau,
i-a,
die sagte: „Lieber Joseph, schau:
Nimm's mit dem Kind nicht so genau!
Es ist ja noch nicht groß und schlau."
I-a.

Und auch die Könige, alle drei,
i-a,
die fanden wirklich nichts dabei
und schenkten Myrrhe und Salbei
und rotes Gold dem Kind im Heu.
I-a.

Sie lachten alle drei im Chor,
i-a,
der Caspar und der Melchior
und Balthasar, das war ein Mohr,
der kam mir etwas dunkel vor.
I-a.

Ich bin ein Esel, alt und schwach,
i-a.
Ich habe in der Heiligen Nacht
im Stall von Bethlehem gewacht
und manchmal leis i-a gemacht.
I-a.
                                        James Krüss

Der Wunderstern

Hätte einer auch mehr Verstand
als wie die drei Weisen aus dem Morgenland
und ließe sich dünken, er wäre wohl nie
dem Sternlein nachgereist wie sie;
dennoch, wenn nun das Weihnachtsfest
seine Lichtlein wonniglich scheinen läßt,
fällt auch auf sein verständig Gesicht,
er mag es merken oder nicht,
ein freundlicher Strahl
des Wundersternes von dazumal.

Wilhelm Busch

WEIHNACHTSABEND

Ein Tännlein aus dem Walde

Ein Tännlein aus dem Walde,
und sei es noch so klein,
mit seinen grünen Zweigen
soll unsre Freude sein!
Es stand in Schnee und Eise
in klarer Winterluft;
nun bringt's in unsre Stuben
den frischen Waldesduft.
Wir wollen schön es schmücken
mit Stern und Flittergold,
mit Äpfeln und mit Nüssen
und Lichtlein wunderhold.
Und sinkt die Weihnacht nieder,
dann gibt es lichten Schein,
das leuchtet Alt und Jungen
ins Herz hinein.

Albert Sergel

Die lustige Weihnacht

Heute tanzen alle Sterne,
und der Mond ist blank geputzt.
Petrus in der Himmelsferne
hat sich seinen Bart gestutzt.

Überall erklingt Geläute,
fröhlich schmückt sich groß und klein,
und die Heiligen tragen heute
ihren Sonntags-Heiligenschein.

Es ertönen tausend Flöten,
tausend Kerzen geben Glanz.
Und die würdigen Kometen
wedeln lustig mit dem Schwanz.

Hinterm Zaun im Paradiese,
gar nicht weit vom Himmelstor,
musiziert auf einer Wiese
auch der Engelskinderchor.

Ihre roten Tröpfelnasen
putzen sich die Kleinen schnell,
und dann singen sie und blasen
auf Fanfaren, silberhell.

Jedes Jahr um diese Stunde
singen sie nach altem Brauch.
Alle Sterne in der Runde
lauschen — und die Menschen auch.

Manchmal aber, leise, leise,
wird der Chor der Engel stumm,
und im ganzen Sternenkreise
geht ein sanftes Flüstern um.

Dann erscheinen sieben Schimmel,
zärtlich ruft es: „Hüh und hott!"
Und gemächlich durch den Himmel
fährt daher der liebe Gott.

Da verstummen alle Lieder,
und die Engel machen fix
mit gefaltetem Gefieder
vor dem Herrgott einen Knicks.

Alle goldnen Sternenherden
drehn sich still dazu im Tanz.
Und im Himmel wie auf Erden
leuchtet Weihnachtskerzenglanz!

                                            James Krüss

Der Pfefferkuchenmann

Er ist nicht mal aus Afrika
und doch so braungebrannt.
Wo kommt er her? Ich dacht mir's ja:
aus Pfefferkuchenland!
Hat Augen von Korinthen
und Mandeln drum und dran.
Wie schön ihn alle finden —
den Pfefferkuchenmann!

Er freut sich auf den Weihnachtsbaum,
da möcht er drunterstehn.
Den Lichterglanz — er glaubt es kaum —,
den will er sich besehn,
mit Augen von Korinthen
und Mandeln drum und dran.
Wie herrlich wird er's finden —
der Pfefferkuchenmann!

Wär ich nur nicht solch Leckerschnut
und könnte widerstehn,
dann wär ja alles schön und gut,
wär alles gut und schön.
Wie wohl Korinthen schmecken?
Sind Mandeln ein Genuß?
Ich will ganz schnell mal lecken
am süßen Zuckerguß.

Und steht der Baum im Kerzenlicht,
und ist es dann soweit —
da fehlt doch wer, der sieht das nicht;
nun tuts mir selber leid.
Vernascht sind die Korinthen,
die Mandeln drum und dran ...
Er ist nicht mehr zu finden —
der Pfefferkuchenmann.

         Erika Engel

Die Weihnachtsmaus

Die Weihnachtsmaus ist sonderbar
(sogar für die Gelehrten),
denn einmal nur im ganzen Jahr
entdeckt man ihre Fährten.

Mit Fallen oder Rattengift
kann man die Maus nicht fangen.
Sie ist, was diesen Punkt betrifft,
noch nie ins Garn gegangen.

Das ganze Jahr macht diese Maus
den Menschen keine Plage.
Doch plötzlich aus dem Loch heraus
kriecht sie am Weihnachtstage.

Zum Beispiel war vom Festgebäck,
das Mutter gut verborgen,
mit einemmal das Beste weg
am ersten Weihnachtsmorgen.

Da sagte jeder rundheraus:
Ich hab es nicht genommen!
Es war bestimmt die Weihnachtsmaus,
die über Nacht gekommen.

Ein andres Mal verschwand sogar
das Marzipan von Peter,
was seltsam und erstaunlich war,
denn niemand fand es später.

Der Christian rief rundheraus:
Ich hab es nicht genommen!
Es war bestimmt die Weihnachtsmaus,
die über Nacht gekommen!

Ein drittes Mal verschwand vom Baum,
an dem die Kugeln hingen,
ein Weihnachtsmann aus Eierschaum
nebst andren leckren Dingen.

Die Nelly sagte rundheraus:
Ich habe nichts genommen!
Es war bestimmt die Weihnachtsmaus,
die über Nacht gekommen!

Und Ernst und Hans und der Papa,
die riefen: Welche Plage!
Die böse Maus ist wieder da,
und just am Feiertage!

Nur Mutter sprach kein Klagewort.
Sie sagte unumwunden:
Sind erst die Süßigkeiten fort,
ist auch die Maus verschwunden!

Und wirklich wahr: Die Maus blieb weg,
sobald der Baum geleert war,
sobald das letzte Festgebäck
gegessen und verzehrt war.

Sagt jemand nun, bei ihm zu Haus —
bei Fränzchen oder Lieschen —
da gäb es keine Weihnachtsmaus,
dann zweifle ich ein bißchen!

Doch sag ich nichts, was jemand kränkt!
Das könnte euch so passen!
Was man von Weihnachtsmäusen denkt,
bleibt jedem überlassen!

James Krüss

Öffnet sich auch dir ein Weihnachtszimmer?

Wenn die Christnacht sich herniedersenkt,
ruht selbst in der Stadt das laute Treiben,
niemand will mehr auf der Straße bleiben,
der an „Frommsein" und „Bescherung" denkt.

Öffnet sich auch dir ein Weihnachtszimmer,
wo der Christbaum, silberhaargeschmückt,
dir mit seinem sanften Kerzenschimmer
Christi Botschaft in die Seele schickt?

Nein, ich weiß, dir ist es nicht beschieden!
Haß und Krieg beherrscht die halbe Welt.
Ach, um den von uns ersehnten Frieden
ist es nach wie vor gar schlecht bestellt!

Erika Wildgrube-Ulrici

DIE HEILIGEN DREI KÖNIGE
Wir treten herein ohn allen Spott

Wir treten herein ohn allen Spott,
ein schön guten Abend, den geb uns Gott.
Ein schön guten Abend, eine fröhliche Zeit,
die uns der Herr Christus hat bereit.
Wir kommen hierher von Gott gesandt
mit diesem Stern aus dem Morgenland.
Wir zogen daher in schneller Eil,
in dreißig Tagen vierhundert Meil.

Volksgut

Die Heiligen Drei Könige

Die Heiligen Drei Könige aus dem Morgenland,
sie fragten in jedem Städtchen:
„Wo geht der Weg nach Bethlehem,
ihr lieben Buben und Mädchen?"

Die Jungen und die Alten, sie wußten es nicht,
die Könige zogen weiter;
sie folgten einem goldenen Stern,
er leuchtete lieblich und heiter.

Der Stern blieb stehen über Josephs Haus,
da sind sie hineingegangen;
das Öchslein brüllte, das Kindlein schrie,
die Heiligen Drei Könige sangen.

Heinrich Heine

„Ich bin der kleine König,
gebt mir nicht zu wenig!
Laßt mich nicht so lange stehn,
denn ich muß noch weitergehn."

Volksgut

Wir Heiligen Drei König'

Wir Heiligen Drei König', wir kommen von fern,
wir suchen den Heiland, den göttlichen Herrn.
Da stehet vor uns ein helleuchtender Stern,
er winkt uns gar freundlich, wir folgen ihm gern.
Er führt uns vorüber vorm Herodes sei'm Haus,
da schaut der falsch' König beim Fenster heraus.
Er winkt uns so freundlich: „O kommt doch herein,
ich will euch aufwarten mit Kuchen und Wein."
„Wir können nicht weilen, wir müssen gleich fort,
wir müssen uns eilen nach Bethlehem Ort.
Es ward uns durch Gottheit die Kunde zuteil,
daß ein Kind ist geboren, das der Welt bringt das Heil."
Wir kommen im Stall an, finden das Kind,
viel schöner und holder, als Engel es sind.
Wir knien uns nieder und beten es an,
o Herr, nimm die Gabe aus Dankbarkeit an:
Gold, Weihrauch und Myrrhen, das reichen wir dir,
führ du uns dann einstens in'n Himmel von hier!

Volksgut